천만의 말씀
만만의 콩떡, 당찬
여성 이야기

엮은이 _ 김성범

제3회 문학동네 어린이문학상을 수상하며 작품 활동을 시작했습니다.
지금은 섬진강 도깨비 마을에서 촌장 노릇을 하며 어린이들과 함께 노래를 짓고,
부르고, 인형극을 하는데 정신이 팔려 있습니다.
쓴 책으로는 장편 동화 『뻔뻔한 칭찬통장』, 『숨 쉬는 책, 무익조』, 『도깨비살』,
『비밀로 가득 찬 세상』 등이 있으며, 그밖에 인문 교양서적 『도깨비를 찾아라!』와
동시집 『호랑이는 내가 맛있대!』 및 창작 동요 음반 『섬진강, 도깨비마을』,
『김성범 창작요들 동요집』 등이 있습니다.
그림책 『책이 꼼지락 꼼지락』은 초등 국어 2-가에 수록되어 있습니다.

그린이 _ 서미경

어릴 적부터 이야기를 들으면 상상하는 걸 좋아했습니다.
언제부터인가 그 상상 속 주인공들을 그리기 시작했는데 그러다 보면 하루가
어찌 다 지나갔는지 모를 정도였답니다.
그런 즐거움을 지금까지 간직한 채 그림을 그리고 있습니다.
대학에서 서양화를 전공했고, 오랫동안 아이들에게 그림을 가르치며 지내왔습니다.
그린 책으로는 『뼈 있는 동물 이야기』, 『엄마 내 친구야』가 있습니다.

잘잘잘 옛이야기 마당 11

천만의 말씀 만만의 콩떡, 당찬 여성 이야기

1판 1쇄 인쇄 2014년 10월 8일 | 1판 1쇄 발행 2014년 10월 20일
글쓴이 김성범 | 그린이 서미경 | 펴낸이 박혜숙 | 펴낸곳 미래M&B
총괄이사 이도영 | 편집책임 이지안 | 디자인 이정하 | 영업관리 장동환, 김대성, 김하연
등록 1993년 1월 8일(제10-772호) | 주소 서울시 마포구 동교로 134(서교동 464-41) 미진빌딩 2층 | 전화 02-562-1800 | 팩스 02-562-1885
전자우편 mirae@miraemnb.com | 홈페이지 www.miraei.com | 트위터 @miraeibooks | 네이버 카페 cafe.naver.com/miraeibooks
ISBN 978-89-8394-772-7 77810

값 14,000원

※ 잘못 만들어진 책은 바꾸어 드립니다.
※ 이 책은 저작권법에 의해 보호를 받는 저작물이므로 무단 전재와 무단 복제를 금합니다.

아이의 미래를 여는 힘, **미래i아이** 는 미래M&B가 만든 유아·아동 도서 브랜드입니다.

천만의 말씀 만만의 콩떡, 당찬 여성 이야기

김성범 글 · 서미경 그림

미래 i 아이

천만의 말씀
만만의 콩떡, 당찬
여성 이야기

차례

09
첫 번째 마당   천만의 말씀 만만의 콩떡!

25
두 번째 마당   뿌지직 뽕!

43
세 번째 마당   며느리 방귀

59
네 번째 마당   홍장이와 성덕 아가씨

77
다섯 번째 마당   씩씩하다, 바리공주

첫 번째 마당

천만의 말씀
만만의 콩떡!

산신들은 죄다 할아버지라고?
천만의 말씀, 만만의 콩떡!
지금부터 이야기 한 자락 해 줄 테니 잘 들어 봐.

옛날 옛적 갓날 갓적에 하늘님 딸인 마고가 있었어.
하루는 마고가 세상을 쓰윽 내려다보다가
마음에 쏙 드는 곳을 발견했지. 바로 지리산이야.
"아버지, 저곳에 내려가 살래요."
"내려가 사는 건 네 마음이다만 다시 돌아올 순 없다."
"네에!"
마고는 뒤도 돌아보지 않고 쌩 내려갔어.

마고는 지리산을 거닐다가 산마루에 앉아
쏴 시원하게 오줌을 쌌어.
하늘에서 가지고 온 강의 기운을 풀어내는 거야.
그때 지리산에는 반야라는 사람이 도를 닦고 있었는데,
난데없이 쿠르릉 소리가 나더니 붉은 황톳물이 순식간에
계곡을 덮치는 거라. 거참 희한하지.
하늘이 저리 쨍쨍 맑은데 말이야.

무슨 일인가 싶어 반야는 산마루로 냉큼 올라갔지.
아 그랬더니 거기에 키도, 몸집도 커다란 여자가 앉아 있네.
그 황톳물은 뭐냐고? 뭐긴, 마고 오줌이지.
오줌이라기보다 아예 폭포라고 해야 맞겠다.
반야는 힘차게 오줌을 싸고 있는 마고를 보고 홀딱 반해 버렸어.
마고도 반야를 보고 첫눈에 반해 버렸지.
둘은 당장 혼인을 하고 천왕봉에서 알콩달콩 살았어.
딸을 여덟이나 낳고 말이야.

하지만 늘 좋은 시절만 있는 건 아닌가 봐.
어느 날부턴가 반야의 말수가 눈에 띄게
줄어들며 얼굴빛도 좋지 않은 거야.
마고가 물었어.
"무슨 걱정거리라도 있우?"
"아직 깨우치지 못한 도가 너무 많아
그렇소."
"그럼 도를 다 깨우치고 돌아오소."
그날로 반야는 반야봉으로 떠났고,
세월은 흘렀어.

마고는 점점 머리가 하얗게 세어져 할머니가 되어 갔지.
그런데도 반야는 돌아오지 않았어.
할미가 된 마고가 나무껍질을 벗겨
반야가 입을 옷을 다 만들었을 때까지도 말이야.
딸들도 어느새 자라 처녀가 되었어.

마고할미는 마냥 기다리고만 있을 수 없어서 반야를 찾아 나섰지. 수염을 허옇게 기른 반야가 바위 위에 앉아 있는 거야. 다짜고짜 물었지.
"아직도 덜 깨우쳤우?"
"지혜의 끝은 없소."
마고가 가만 보니 반야는 앉은 채 바위가 되어 가고 있었어.

집으로 돌아온 마고는 딸들을 모두 불렀어.
"떠나라, 너희들은 팔도로 가서 산신이 되어라!"
팔도로 떠난 딸들은 방방곡곡 산을 지키며 백성들의 복을 비는 일을 했어.
딸들이 다 떠나자 마고할미는 반야를 위해 만든 옷도 갈기갈기 찢어서
반야봉으로 날려 보냈어.
이때 날아간 옷이 반야봉 풍란이 되었다고 해.
그리고 마고할미도 노고단에서 돌로 변하기로 했어.
지리산을 지키는 산신할미가 되기로 맘먹었거든.

그렇게 산신이 된 마고할미는
우리나라에 쳐들어온 왜구를 물리치는 일도 했단다.
왜구들은 마고할미를 없애려고
칼로 치고 벼랑 아래고 굴리기도 했대.
하지만 마고할미가 까딱이나 했겠어.
아직까지 멀쩡한 걸 보면 그렇잖아.

아참, 이래도 산신이 할아버지라고 할 거야?
천만의 말씀, **만만**의 **콩떡**이여!

지리산을 사랑해 노고단 산신이 된 마고할미.
산신이 할머니라니 신기하지?
이처럼 우리가 선입관이나 편견으로 대하는 게
또 뭐가 있는지 생각해 보자.

두 번째 마당

뿌지직 뽕!

으, 더러워라! 신선님은 이제 어떡하나?

옛날 옛적 이야기야. 어느 해 가뭄이 너무너무 심하게 들었어.
연일 해가 쨍쨍 내리쬐고 비는 한 방울도 안 내리니
논이고 밭이고 죄다 말라 거북이 등같이 쩍쩍 갈라진단 말이지.
이대로는 안 되겠다 싶어 마을 촌장이 사람들을 불러 모았어.

"모두들 잘 들어라. 정성 들여 음식을 장만하도록 하여라."
기우제를 올리려는 거야. 마을 뒷산에는 하늘에서 신선님들이
놀러 내려오는 신선바위가 있었거든.
"특히 아녀자들은 몸을 정갈히 하고, 뛰지도 말 것이며
목소리가 담을 넘지 않도록 하여라."

촌장 말에 마을이 바빠졌어.

전도 지지고, 떡살도 올리고, 과일도 준비했지.

그런데 동네에 앙똥스런 세 자매는 신이 나 죽겠는 거야.

"와, 이 전 맛 좀 봐라!"

"시루떡 맛은 어떻고!"

"난 세상에서 과일이 제일 좋아!"

제를 올릴 음식에 손을 대고
다니다가 촌장님한테 딱 걸렸네.
"네 이놈들!"
"엄마야!"
"감히 계집아이가 제를 올릴 음식에 손을 대다니!"
촌장은 붉으락푸르락 소리쳤어.
"당장에 이 녀석들을 광에다 가둬 놓아라!"
"에고, 촌장님! 다시는 안 그럴 테니 용서해 주세요."
자매들이 울고불고 떼를 써 봤지만 아무 소용없었어.

그렇게 신선바위로 동네 남자들이 올라가
기우제를 지내고 왔어.
그래서 비가 왔냐고? 안 왔어!
이젠 농사는커녕 우물까지 말라붙었어.
인정 넘치던 마을 사람들도 점점 사나워졌지.
"여자들이 셋이나 날뛰었으니 신선님이 노한 게야."
"부정 탈 짓을 할 때부터 알아봐야 했어."
"이것들을 당장 동네에서 쫓아내자."

자매들은 이제 어떤 방법이든 찾아야만 했어.
첫째 뿌가 뿌리처럼 차분히 생각을 끌어올렸어.
"이대로 있다간 농사도 망치고 우리들도 마을에서 쫓겨날 거야.
빨리 좋은 생각을 해내야만 돼."
둘째 지가 지혜롭게 이런저런 생각을 해냈어.
"우리에겐 세 가지 방법밖에 없어. 동네 사람들의 생각을 바꿔
놓든지, 동네에서 도망치든지, 비를 내리게 하든지."
셋째 직이 얼른 대답했어.
"비를 내리게 하면 돼!"
"어떻게?"

셋이서 고개를 맞대고 쑥덕대더니,
오랜만에 까르르 웃음이 피어오르네. 뭔가 방법을 찾았나 봐.
뽀르르 쪼르르 부엌으로 들어가더니 우걱우걱 꽁보리밥을 먹기 시작했어.
배가 빵빵해지자, 자매들은 몰래 신선바위로 올라갔어.
"와, 판판한 게 놀이터 같다."
"신선님이 방금 놀다 갔나? 바위에 바둑판이 새겨져 있네!"
"정말로 하늘나라에 온 것 같다!"

셋은 눈빛을 주고받더니
"준비 시~작!"
속옷을 내리고 앉아 얼굴이 빨개질 때까지 힘을 주었어.
끙끙 힘을 쓰자, 뽕! 방귀가 나오더니,
"뿌지직 뽕, 뿌지직 뽕, 뿌지지지직!"
잠시 쉬었다가,
"뿌지직 뽕, 뿌지직 뽕, 뿌지지지직!"
순식간에 신선바위는 더럽고 냄새나는 똥바위가 되어 버렸어.
세 자매가 후다닥 내려오는데, 다 내려가기도 전에
"투둑, 투두둑!"
비가 내리기 시작하네!
신선님들이 더럽고 냄새나서 도저히 참을 수가 없었던 거야.

비는 밤새 내리고 또 내렸어.
웬만큼 싸 놓어야 말이지. 그래서 어쨌냐고?
뭘 어째, 풍년이 들어 잘 살았지.

세 자매는 어떻게 됐냐고? 가뭄이 들면 촌장님이 그랬대.
"뿌지직 자매야, 비가 안 오는데 어떻게 해야 되지 않겠느냐?"
그럼 세 자매도 새치름히 그랬대.
"신선바위로 남자들이 올라오면 안 되는 거 알지요?"
"오냐, 알다마다."
그때부터 뿌지직네 마을은 가뭄이 들면
여자들이 모두 모여 신선바위로 똥 싸러 간대!

※ **신선바위** : 전라남도 곡성군 동악산에 있는 바위.

푸하하! 뿌지직 자매가 참 당돌하고 영리하지?
너도 뿌지직 자매처럼 당당하고 자신감
넘치게 신 나게 지내.

세 번째 마당

며느리 방귀

방귀 뀌고 **칭찬**받은 적 있어? 없다고?
그럼 이야기 한 자락 해 줄게.

옛날, 예쁜 처자가 시집을 가서 사는데,
몇 달도 안돼서 얼굴이 파래지더니,
살이 쫙 빠지면서 비쩍 말라가는 거야.
이상하게 생각한 시아버지가 물었지.
"아가, 어디 아픈 데라도 있느냐?"
"아버님한테 차마 말을 못하겠습니다."
"시아버지한테 말 못할 게 뭐가 있느냐,
어서 말해 보거라."
며느리가 머뭇대다가 말하는데 글쎄,
"방귀를 맘대로 뀔 수가 없어서 그럽니다." 이러는 거야.
"푸하하하하, 그깟 일로 그랬느냐?"
시아버지가 호탕하게 웃으며 말했어.
"이제 방귀를 참지 말고 니 맘대로 뀌어라."

그러자 며느리가 다급하게 말했어.
"그럼 할아버님은 이 기둥을 붙들고 계시고, 할머님은 저 기둥을, 아버님은 이쪽 기둥을, 어머님은 저쪽 기둥을 붙잡고 계시고, 서방님은 지붕으로 올라가 누르고 계셔요."
말이 끝나기가 바쁘게 며느리가 엉덩이를 쭉 내밀더니 방귀를 한 방 뻥! 뀌었어.
집이 뚜둑! 이쪽으로 찌그러졌다가,
다시 한 방을 뿌웅! 뀌니
뚜욱! 저쪽으로 찌그러졌어.

시어머니가 놀래서
"아가, 이제 그만 뀌어라!" 했는데,
너무 오랫동안 참았던 방귀라 멈출 수가 없는 거라.
뿡뿡뿡뿡! 뽕뽕뽕뽕! 뿡뽕 뿡뽕! 쉴 새 없이 뀌어댔지.
그러니까 집이 일루루 찌글찌글, 델루루 찌글찌글 지붕은 들썩들썩!
식구들은 기둥을 붙잡고 이리 쏠리고 저리 쏠리고,
당최 정신을 차릴 수가 없네.

시원하게 방귀를 뀐 며느리 얼굴이 환해졌어.
하지만 식구들은 모두 얼이 빠져 버렸지.
"너와 함께 살다간 내 명에 못 죽겠다!"
시아버지는 며느리를 친정으로 보내기로 했어.
보따리를 싸 들고 고개를 넘는데, 말 아홉 필에다 비단을 가득 실은
사람이 큰 나무 위를 올려다보며,
"저 배 좀 먹어 보면 원이 없겠다." 이러고 있는 거야.
말마따나 나무에는 머리통만한 배가 단내를 폴폴 풍기며
주렁주렁 달려 있었어.
시아버지도 그 배를 보자 절로 이랬지.
"저 배 좀 먹어 보면 원이 없겠다."

그러나 나무가 너무 높아서 입맛만 쩝쩝 다실 수밖에.
그때 며느리가 나섰어.
"제가 따 드릴까요?"
비단 주인이 색시를 훑어보더니 말했어.
"색시가 저 배를 따 주면 내 비단을 다 주리다."
"참말이오?"
시아버지가 불쑥 끼어들자, 비단 주인이 뭉기적뭉기적 덧붙였어.
"대신 배를 못 따면 색시는 나와 같이 살아야 하오."

며느리가 그러마 하고,
엉덩이를 배나무 쪽으로 추켜올리고는,
방귀를 한 방, **뿌앙!**
배가 우두두두 떨어졌어.

그렇게 비단을 얻은 며느리가 비단 실은 말을 끌고 고개를 넘는데,
시아버지가 며느리에게 넌지시 말해.
"아가, 방귀도 써먹을 데가 다 있구나."
며느리가 넌지시 대꾸했지.
"그럼요."
그렇게 마지막 고개를 넘어가는데,
시아버지가 비단 실은 말을 붙들고는 다급하게 말해.
"아가, 다시 돌아가서 함께 살자꾸나!"
그러자 며느리가 시아버지를 바라보며 야무지게 말했지.
"아버님, 앞으로 나가라, 들어와라 하면 안 됩니다."
"오냐!"
시아버지가 냉큼 대답하고 한마디 덧붙였대.
"이제 네 방귀는 네 것이니 네 맘대로 뀌어라!"
그 뒤 며느리는 방귀를 **뻥뻥** 뀌면서 식구들이랑 잘 살았대.

며느리 방귀가 복 방귀였네.
우리도 이제 자신 있게 방귀를 뀌어 볼까?
그렇다고 아무데서나 엉덩이를 들이밀면 안 돼!

네 번째 마당

홍장이와 성덕 아가씨

어휴, 불쌍해라. 세상에 이런 일이 또 있을까!
무슨 일이기에 그러냐고? 한번 들어 봐.

옛날 옛적, 갓날 갓적 이야기야.
딸아이를 낳고는 7일 만에 엄마가 죽었어.
아버지는 앞 못 보는 장님이고 말이야.
그래도 어떡해? 아기를 굶겨 죽일 수는 없잖아.
앞 못 보는 아버지가 아기를 등에 업고 이집 저집
젖동냥을 다녔지. 다행히 아기는 무럭무럭 잘 자랐어.
게다가 얼마나 효녀였던지 멀리 중국 땅까지
소문이 날 정도였지.

하루는 아버지가 밖에 나갔다가 스님을 만났어.
그런데 스님이 아버지를 붙들고 이러는 거야.
"저는 화주승이온데, 어젯밤 꿈이 참말이군요.
꿈에 부처님이 나타나 앞 못 보는 장님을 만나게 될 텐데,
그 장님이 큰 시주를 해 줄 거라고 했답니다."
아버지는 헛웃음이 나왔어.
시주는커녕 땡전 한 닢 없는 처지잖아.
"이보시오 스님, 보다시피 난 가난뱅이 장님일 뿐이오.
내게 딸린 게 있다면 홍장이란 딸아이 하나뿐이라오."
"그럼, 딸을 시주하시지요."
아버지는 번쩍 생각이 들었어.
홍장이가 자기 때문에 고생만 하느니,
부처님 곁에 두는 게 나을 성 싶었지.
"그렇담 데려가 주시오."
그렇게 홍장이는 아버지와 이별했어.

홍장은 스님을 따라 난생처음 산을 넘고 강을 건너,
어느 바닷가에 이르렀어.
그때 금은보화를 가득 실은 웬 붉은 배 두 척이 들어왔는데,
배에서 내린 사람들이 홍장을 뚫어져라 쳐다보더니 넙죽 절을 해!
"참으로 우리 황후마마이십니다!"
깜짝 놀란 홍장이 뒤로 물러서니, 뱃사람이 손에 들고 있던
두루마리 그림을 펼쳐 보였어.
그런데 글쎄, 거기에 자기 얼굴이 그려져 있는 거야.
"어찌 제 얼굴이 여기에 그려져 있답니까?"
홍장이 물으니, 사신이 나서서 차분히 설명을 해 줬어.
"우리는 중국 진나라 사람이온데, 나라에 흉년과 돌림병이 돌아
민심이 흉흉해졌지요. 그 해결책을 큰스님께서 내셨는데, 동쪽
나라에 있는 효녀를 황후로 맞으면 태평한 세상이 온다 했습니다.
이 그림의 여인이 바로 그 효녀이고요. 그러니 저희와 함께
가시지요."

홍장은 사신들이 가지고 온 금은보화를 화주승에게
건네주고, 그들을 따라 배를 탔어.
그렇게 진나라에 간 홍장은 황후가 되었단다.
황후가 된 뒤에도 홍장은 고향에 있는 아버지를 생각해서
밤낮 가리지 않고 병든 사람과 가난한 사람을 돌봤어.
그러자 나라가 다시 편안해졌고, 온 백성이 황후 홍장을
우러르며 칭송했지.

하지만 홍장의 가슴은 늘 허전했어.
고국에 홀로 계신 아버지 걱정 때문이었지.
홍장은 고향에 가고 싶은 마음을 담아
아침저녁으로 기도를 올리던
관음보살상을 고향으로 보내기로 했어.
정성스럽게 배를 만들어 관음보살상을 실어 바다에 띄웠지.
배는 출렁출렁 파도를 타고 스스로 움직여 먼 바다로 나아갔어.

그즈음 홍장의 옆 동네에는 성덕이란 아가씨가 살았는데,
날마다 이상한 꿈을 꿨어. 먼 바다에서 연꽃이 피어오르며,
연꽃 속에 홍장이 앉아 있는 꿈이었지.
성덕은 자기도 모르는 힘에 이끌려 바닷가에 나가 섰어.
저기 먼 바다에 떠 있던 배가 스르르 움직이더니 성덕 앞에 서네!
배를 살피니 금빛이 났어. 바로 홍장이 띄워 보낸 관음보살상이었어.
성덕은 저절로 공경심이 일어 관음상에 절을 하고 업었지.
어머나! 깃털처럼 가볍네!

성덕은 보살상을 업고 가면서 자꾸만 뒤를 돌아보았어.
업은 것 같지 않게 가벼웠거든.
그렇게 꼬박 열흘을 걸었을까, 열 하룻날, 가파른 고개를 넘는데
불상이 너무나 무거워져서 한 걸음도 뗄 수 없는 거야.
성덕은 하는 수 없이 그 자리에 움막을 짓고 관음상을 모셨어.
그곳이 관음사가 되었고, 성덕산이 되었단다.

아참! 홍장 아버지는 어떻게 됐냐고?
홍장과 헤어지고 나서 맨날 눈물로 세월을 보냈지.
그러다가 어느 날, 껌뻑 눈을 떴는데 앞이 보였다나!
그래서 오랫동안 잘 살았대나, 어쨌대나.

홍장의 남다른 효성과 덕이 자기도 살고,
아버지도 살리고, 백성까지 살렸네!
우리도 부모님을 위해 뭐든 실천해 볼까?

다섯 번째 마당

쓱싹쓱싹하다, 바리공주

어휴, 기막혀라! 아버지가 딸을 버렸다네.

멀고 먼 옛날 옛적, 갓날 갓적 이야기야.
불라국이라는 나라에 오구대왕이 살았는데, 점쟁이가 그랬대.
"올해는 하늘의 기운이 좋지 않으니 한 해를 기다렸다가 결혼해야 합니다."
그러나 왕은 뿌득뿌득 우겨서 결혼을 해 버렸어.
왕비가 너무 좋아서 기다릴 수가 있어야 말이지.

왕비가 아기를 낳았어.
딸이었어. 왕은 예쁘구나, 했어.
둘째 딸을 낳자, 왕은 그렇구나, 했지.
셋째도 딸을 낳자 왕은 또? 했어.
넷째 다섯째 여섯째도 딸이었어. 왕은 못 듣고 못 본 척했지.
그런데 일곱째까지 딸이네!
오구대왕은 도저히 화를 참을 수가 없었어.
"딸이라면 이제 지긋지긋하다. 당장에 서해 바다에 버려라!"
왕비는 그럴 수 없다며 몇 차례나 우겨 보고 애원도 해 봤지만,
대왕은 꿈쩍도 하지 않았어.
왕비는 미어지는 가슴을 안고 일곱째를 바구니에 넣어 바다에 띄워 보냈어.
"네 이름은 '바리'다, 아가!"
바구니는 꿀렁꿀렁 파도를 타고 하염없이 흘러갔어.
그런데 무슨 조화인지 물고기가 이고 가고, 거북이가 이고 가고,
힘들면 두루미가 물고 날았어.

자식도 없이 찢어지게 가난하게 사는 비리공덕할아비와 할미가
하루는 똑같은 꿈을 꿨어. 어찌나 꿈이 생생한지
두 사람은 잠자리에서 일어나자마자 바닷가에 나가 봤지.
그런데 에구머니나, 아기가 담겨 있는 바구니가 있네!
아기 몸은 물풀로 꽁꽁 감겨 있고, 입에는 왕거미가 가득하고,
귀에는 불개미로 가득 찼어.
할아비와 할미가 얼른 집으로 데려가 보살피자 아기가 푸! 하고 숨을 쉬어.
아기는 무럭무럭 잘 자랐어. 게다가 얼마나 영리하고 똑똑한지
글을 배우지 않았는데도 읽고, 하늘과 땅에서 일어난 일도
스스로 깨우쳤어.

한편 오구대왕은 자식 버린 벌을 받았나 봐.
바리를 버리고 난 뒤 시름시름 앓더니 끝내 몸져누워 버렸어.
그러던 어느 날, 떠돌이 도승이 찾아와 왕비에게 그러는 거야.
"대왕의 병은 서천서역을 지나 저승 깊은 곳, 동대산의 동수자가 지키는 약수를 마셔야
낫습니다. 그렇지만 일곱째 공주만 할 수 있는 일이군요."
그러고는 눈 깜빡할 사이에 사라져 버렸어. 왕비는 답답해서 신하들에게 말했어.
"누가 저승에 가서 약수를 구해 올 분 안 계시오?"
있을 리 없지. 왕비가 여섯 공주들한테 말했어.

"아버지를 살리는 일이다. 너희들이 다녀오너라."
"샘물도 안 길어 본 저희들이 어떻게 저승의 약수를 길어올 수 있겠습니까?"
그 모습을 지켜보던 시종이 말했어.
"왕비마마, 소인이 일곱째 공주님을 찾아서 모셔오겠습니다."
그렇게 길을 나섰는데, 하늘이 도운 건지 바리가 사는 마을에 닿았어.

"바리공주님, 저를 따라 불라국으로 가시지요?
아비님이 위독하십니다."
바리는 어리둥절했지만, 곧 사정을 알고
시종을 따라나섰어.

바리가 궁궐에 들자, 왕비가 버선발로 뛰어나와 바리를 맞이했어.
왕비는 바리의 손을 잡고 간절히 애원했지.
"네 아비인 오구대왕을 위해 동대산 약수를 구해 올 수 있겠느냐?"
바리가 대답했어.
"나라에 신세진 적 없지만 어마마마 배 안에서 열 달 들어 있던
은혜로 소녀 다녀오겠습니다."

바리는 약수를 구하러 떠났어.
배가 고프면 솔잎을 씹고, 어두워지면 바위틈에서 잠을 잤지.
그러던 어느 날, 밭 가는 어떤 노인을 만났어.
"서천서역 저승 땅을 가려면 어디로 가야 하나요?"
"밭 갈기도 바쁜데 왜 말을 시키느냐?"
그러고는 바리에게 소를 맡기고 그늘에 벌렁 드러누워 자는 거야.
바리가 끙끙대며 밭을 갈자 하늘에서 이상한 짐승 수백 마리가
내려오더니 순식간에 밭을 다 갈아 줬어. 잠에서 깬 노인이
"기특하구나." 하면서 길을 가르쳐 주었지.

다시 길을 가는데 이번에는 냇가에서 빨래하는 할멈을 만났네.
"할머니, 서천서역 저승 땅을 가려면 어디로 가야 하나요?"
할멈은 바리에게 빨래를 시켰어.
"검은 빨래는 희게, 흰 빨래는 검게 빨아라!"
빨래를 끝냈는데, 할멈이 쿨쿨 자고 있네.
그런데 할멈 몸에 이가 굼실굼실 기어 다니고 있지 뭐야.
바리는 할멈 곁에 앉아 이를 모두 잡았어. 할멈이 일어나,
"참 착한 아이로구나." 하며 길을 가르쳐 주었어,
"저쪽으로 열두 고개를 넘으면 나루터가 있으니 배를 타고 가거라."

할멈이 가르쳐 준 대로 가자, 약수를 지키고 있는 동수자를 만났어.
"아비를 살릴 약수를 얻고 싶습니다."
"아들 삼형제를 낳아 주시오. 그러면 약수를 드리지요."
바리가 아들 셋을 낳자, 동수자가 약수 있는 곳을 알려 주었어.

바리가 약병에 약수를 가득 담고, 약수터에 핀 뼈살이꽃, 살살이꽃, 숨살이꽃을 꺾어 돌아 오니 아들 셋만 있어.
"아버지는?"
"하늘로 올라가셨어요."

바리는 아들 셋을 업고 안고 걸려서 마침내
오구대왕이 있는 세상으로 내려왔어.
그런데 저 멀리 웬 상여가 나가고 있는 거야.
바로 오구대왕, 바리 아버지의 상여였어.
바리는 상여를 부여잡고 통곡했어.
"아버지, 일곱째 딸 바리가 약수를 구해 왔는데
이게 어찌된 일입니까?"

"아버지를 마지막으로 한 번 뵙게 해 주세요."
상여가 멈추고 관이 열렸어.

바리는 앙상하게 뼈만 남은 오구대왕의 입에 약수를 흘려 넣었어.
그런 다음 뼈살이꽃, 살살이꽃, 숨살이꽃으로 쓰다듬었지.
그러자 오구대왕의 뼈가 꿈틀꿈틀 일어나고, 살이 뭉실뭉실 오르는가 싶더니,
살색이 붉게 물들면서 두 눈을 번쩍 뜨고, 숨을 푸우 몰아쉬고는
아무 일도 없었던 듯 기지개를 켜며 일어났어.

다시 살아난 오구대왕이 바리에게 물었어.
"나라의 반을 주랴, 사대문 안에 들어오는 비단을 주랴?"
바리는 공손하면서도 씩씩하게 대답했어.
"소녀 부모 밑에서 잘 입고 잘 먹지 못했으니, 만신의 인위왕이 되겠습니다."

바리는 오구신이 되어 영혼들을 좋은 곳으로 안내하는 일을 하게 되었어.
바리를 키워 준 비리공덕할아비와 할미는
영혼들의 길을 안내하는 신이 되어 길 삯을 받으며 살았대.
바리의 세 아들은 저승의 열대왕이 되었다고 해.

바리가 정말 씩씩하고 대단하지?
우리도 바리처럼 씩씩하고 지혜롭게
살아가도록 하자!

여자가 약하고 무능하다고?
천만의 말씀, 만만의 콩떡이여!

옛날이야기 좋아하죠?

그래요. 이야기 싫어하는 사람은 거의 없는 것 같아요.

그런데 옛이야기를 들어보면 여성은 연약한 모습이거나 힘세고 잘생긴 왕자님이 구해줄 때까지 마냥 기다리는 가련한 모습일 때가 많아요. 심지어는 누구의 딸, 누구의 부인 정도로만 언급될 뿐 이름도 없는 경우가 많지요. 하는 일도 주로 가족이나 남편, 아버지를 위해 옷 깁고 물 긷고 밥하고 빨래하는 정도고, 남성들처럼 나라를 위해 큰일을 하거나 무술을 연마하고 학문을 연구하고 매진하는 모습은 거의 찾아볼 수 없어요. 그나마 이름이 알려진 경우가 있긴 한데 그 마저도 '박씨 부인'처럼 겨우 성만 나올 뿐이지요.

하지만 그런 이야기만 있을까요? 실제로 이 세상에는 씩씩하고 용감한 여성도 남성만큼 많아요. 그러니 이야기 속에서도 이런 여성에 관한 이야기가 있기 마련이지요.

이 책 첫 이야기인 〈천만의 말씀 만만의 콩떡!〉의 마고할미처럼 크고 의연한 모습으로 나올 때도 있고, 〈뿌지직 뽕!〉의 뿌, 지, 직 자매처럼 엉뚱하지만 쾌활하고 지혜로운 모습도 있고요. 〈며느리 방귀〉처럼 남성 못지않은 능력을 가지고 있기도

하답니다. 〈홍장이와 성덕 아가씨〉는 어떻고요. 자기 가족의 테두리를 벗어나 널리 사람을 이롭게 하는 모습으로, 〈씩씩하다 바리공주〉처럼 끝없는 용기와 희생으로 세상 사람들을 모두 구하는 이야기도 있어요.

이런 이야기들은 여성은 여리고 약한 게 아니라 사람을 잉태하는 아기집을 가진 사람으로, 생명이 있는 모든 것에 대해 자비로운 마음을 가지고 있다는 걸 알게 해요.

아무리 멋지고 훌륭한 남성도 모두 엄마가 낳아서 기르고 가르쳤지요?
남성뿐만 아니라 이 세상 모든 사람들은 엄마가 낳았어요. 그리고 이 세상 모든 엄마는 여성이에요. 자, 큰소리로 엄마 하고 한 번 불러 볼까요?
엄마!
어때요? 가련하고 연약한 느낌인가요?
아니면 씩씩하고 용감하고 슬기롭고 자비롭고 호기롭고 사랑스럽다가도 때론 조금 무서운 느낌인가요?

2014년 섬진강 도깨비마을에서
김성범